Madame CONNASSE SE LÂCHE !

copines

mecs

enfants

soirées

sport

drague

sexe

boulot

Direction éditoriale : Stéphane Chabenat
Éditrice : Clotilde Alaguillaume
Conception graphique et mise en pages : Florence Cailly
Conception couverture : MaGwen

Chères connasses,

J'ai créé le personnage de Madame Connasse le 24 mars 2016 et la page Facebook est née.
J'avais envie d'exprimer ce que beaucoup de femmes pensent tout bas. Toutes ces femmes célibataires fortes et indépendantes qui s'assument et qui sont fières de l'être.
Dès le départ, mon but était de faire un « zapping » du net sur toutes ces phrases, citations ou autres posts qui pouvaient représenter ce que nous sommes mais toujours avec humour. Un an plus tard nous voilà plus d'un million de connasses et... de connards car il ne faut pas le nier, tout le monde en prend pour son grade, les femmes seules ou non, les hommes, les couples, les parents, les enfants, les voisins, les collègues...
Ce livre reprend tous les meilleurs posts que j'ai pu publier ces derniers mois... Le plaisir a été aussi intense à préparer ce livre qu'à trouver chaque jour de nouvelles publications pour la page.
J'ai essayé de réunir toutes les émotions. Alors éclatez-vous, criez, hurlez, pestez mais faites-moi plaisir : réagissez !
Une vraie connasse à toujours quelque chose à dire.

Sommaire

Connasse

mode d'emploi

ELLE, JE LA DÉTESTE !

Je trouverai le motif
PLUS TARD…

**Je suis odieuse,
mais en fait
j'adore ça !**

Il ne faut jamais sous-estimer une connasse qui a passé une journée de merde.

INUTILE DE ME DIRE CE QUE JE DOIS FAIRE...

DE TOUTE FAÇON, JE FERAI TOUJOURS COMME JE VEUX.

Je me fous de ce que
vous pensez de moi,
de toute façon moi
je ne pense pas à vous…

On dit que les meilleures partent en premier. Du coup j'ai peur pour moi.

Une femme qui râle est une femme en bonne santé...

Donc soyez contents pour moi, je pète la forme !

J'ai besoin de nouvelles ennemies, car les anciennes commencent à trop m'aimer !

Je n'y suis pour rien si mon doigt du milieu fait des gestes déplacés, il fait ce qu'il veut après tout, il est majeur...

Je veux juste que tu saches que quelqu'un dans ce monde tient à toi...

Pas moi... Mais quelqu'un !

Mes dernières paroles seront probablement des insultes.

J'ai l'air gentille,
mais dans ma tête
je t'ai déjà tué
TROIS FOIS.

LE PROBLÈME AVEC CERTAINES PERSONNES, C'EST QU'ELLES RESPIRENT.

Tu ne m'aimes pas ?

Ce n'est pas grave !
Tu as le droit d'avoir des goûts de merde...

Il y a deux sortes de femmes :
celles qui commandent
et celles qui n'obéissent pas.

J'AI L'AIR GENTILLE...

MAIS JE SAIS FAIRE DISPARAÎTRE UN CORPS !

**Dieu me créa
et dit...
Démerdez-vous
avec !**

Je n'ai jamais aimé les gens
qui aiment tout le monde.
Je préfère les connasses,
qui n'aiment personne.
Au moins si elles m'aiment,
je me sens privilégiée.

– Tu m'en veux ?

– Bah non voyons, j'adore être prise pour une conne...

— Je peux t'appeler ?

— Oui.

— Je viens de t'appeler, tu ne réponds pas…

— Je t'ai dit que tu pouvais m'appeler. Pas que j'allais répondre…

– Bonjour, puis-je avoir un latte macchiato sans lactose, s'il vous plaît ?

– Ah, vous êtes intolérante ?

– Pas du tout, je suis juste une connasse.

J'ai
décidé que
j'arrêtais
d'être
chiante...

Uniquement
pendant
mes heures
de sommeil !

Je me suis rendu compte que faire plaisir à tout le monde était impossible.

Du coup je m'amuse à faire chier tout le monde... Et ça marche !

Mon seul regret serait de ne pas avoir assez dit aux gens d'aller se faire foutre.

- Désolée, je ne te fais pas la bise.

- Pourquoi, t'es malade ?

- Non, je ne t'aime pas, c'est tout !

Je serais peut-être un peu plus sociable si vous étiez juste un petit peu moins con.

Certaines personnes font semblant de m'aimer... Et moi, je fais semblant de les croire !

Tu as raison je ne suis pas comme les autres...

Je suis pire.

Pourquoi tenter de se justifier avec des mots, quand un doigt suffit amplement.

Si tous les gens qui disent du mal de moi savaient ce que je pense d'eux, ils en diraient bien plus.

Les vraies femmes savent tirer le meilleur d'un homme.

(Ou savent tirer sur les hommes, je ne sais plus...)

S'il te plaît, ne sois pas vache avec moi.

Sinon, je devrais l'être avec toi aussi et je peux faire ça tellement mieux que toi !

Ceux qui me disent de me calmer ont une fâcheuse tendance à m'énerver...

Je suis capable de résumer une conversation de 5 minutes en 3 heures seulement...

Dans certaines discussions j'évite d'intervenir, parce que j'ai du mal à trouver la version *light* de « écoute, espèce de grosse connasse de merde... ».

Aujourd'hui, j'ai choisi de distribuer des compliments et plein d'amour, plutôt que des insultes.

Dépêchez-vous parce que ça risque de ne pas durer bande de connasses !...

... Et merde...

Femme qui rit...

Elle rit c'est tout !

Elle s'en bat les couilles de ton lit.

Quel connard a inventé ce proverbe de merde ?

Moi je réponds merde, en principe ça colle avec tout...

Aujourd'hui j'apprends à être sociable.

« Tiens, salut connard ! »

Quand ma coiffeuse
me demande comment
elle doit me couper
les cheveux,
je lui réponds :
« En silence ! »

Je présente mes plus plates excuses à toutes les connes que je n'ai pas encore eu le temps d'insulter ou de mépriser.

Patience, ça va venir...

Je vais
tellement
t'ignorer
que tu vas
finir par
douter
de ton
existence.

SI TU AJOUTES 3 LETTRES À CANON ÇA FAIT CONNASSE.

Je ne ferme déjà pas ma gueule quand j'ai tort, alors imagine quand j'ai raison.

Si une personne fout
la merde dans ta vie
ne sois pas fâchée…
Brise-lui les jambes,
les bras,
le nez,
les dents,
mais avec le sourire
bien sûr.

J'accepte
les excuses
sous forme
de :
— vodka,
— argent
liquide,
— fondant
chocolat.

J'essaye d'être sympa...

Mais parfois, ma bouche refuse de coopérer.

J'ai besoin d'une confirmation : on ne peut toujours pas tuer des gens ? C'est pour un ami...

Une fille énervée peut te dire bonne nuit à 14 heures.

Lorsqu'une femme dit " quoi ? ", ce n'est pas qu'elle n'a pas entendu, c'est juste qu'elle te laisse une autre chance de modifier ce que tu viens de dire.

Ma devise c'est : mieux vaut être trop chiante que pas assez.

J'aimerais rassurer toutes les personnes qui pensent que je ne les supporte pas...

Vous n'êtes pas parano !

C'est ton string
hyper serré
qui provoque
le manque
d'oxygène de ton
cerveau ou t'es
juste conne
de nature ?

Les filles doivent avoir

— un ventre plat,

— des gros seins,

— des grosses fesses,

— des jambes douces,

— des cheveux lisses,

et...

Va te faire foutre !

La porte, c'est comme ta gueule, à défaut de la fermer on peut aussi la claquer...

Une fille qui n'est pas chiante, n'est pas une fille !

Les ~~cons~~

HOMMES

Avant tu étais un petit con...
Et aujourd'hui tu es un gros connard !

Dites-vous que derrière chaque gonzesse cinglée, se cache un mec qui l'a rendue comme ça !

Un nouveau thermomètre spécial homme est enfin disponible. À partir de 37,8 °C il se connecte directement au SAMU.

Je ne crois pas les hommes qui me disent qu'ils vont décrocher les étoiles pour moi...

Déjà qu'ils n'arrivent pas à dégrafer mon soutien-gorge...

Ressortir avec son ex, c'est comme ravaler son vomi !

De loin,
il paraissait con.

De près, c'était
une certitude.

Les hommes sont fascinants : ils matent du foot à la télé, puis une émission qui résume le match, et enfin un expert leur explique ce qu'ils ont vu !

LE MEC PARFAIT EXISTE !

OUI BIEN SÛR, AUSSI SÛREMENT QUE LES LICORNES.

Le mâle repoussé traite généralement de salope la femme qui précisément refuse d'en être UNE.

Les mecs, c'est comme une boîte de chocolats pour moi !

Je tombe toujours sur le dégoûtant alcoolisé.

Messieurs, avant d'espérer pouvoir vous vider les couilles, apprenez déjà à les porter !

La description de la femme idéale pour un homme :

Une jolie blonde, nymphomane, muette, sourde, qui a perdu sa mère et dont le père tient un sex-shop.

Connard, ça prend une ou deux baffes ?

IL EST BIEN ENTENDU QUE SI TU ME BRISES LE CŒUR, JE TE PÈTE LES ROTULES !

À la maison, mon mari fait toutes les tâches ménagères…
Et moi je les nettoie.

J'adore les gens qui disent « embrasser n'est pas tromper », et ma main dans ta gueule, c'est pas gifler ?

Arrêter de croire que tous les mecs sont des connards, ... il y a aussi des bâtards, des enculés et des salauds...

Un jour ton prince viendra…

Mais sache qu'avant toi il s'est tapé Blanche-Neige, Cendrillon, la Belle au bois dormant… Et peut-être même les sept nains !

Je pense à ces ex qui disaient ne pas pouvoir vivre sans moi. Mais qui ne meurent pas.

Les hommes
c'est comme
le café :
au début
ça t'excite
et après ça
t'énerve.

J'ai compris : un gars n'a pas peur de s'engager avec une fille, ce dont il a peur, c'est de devoir renoncer à toutes les autres.

ÉLUE CONNASSE DE L'ANNÉE

Certains hommes sont comme des trésors. T'as juste envie de les enterrer !

Ça sert à quoi de donner des surnoms mignons aux garçons ???

On finit toujours par les appeler par le même : « l'autre gros con ».

Collectionner les femmes ne fait pas de toi un beau gosse, mais juste un malheureux n'ayant pas trouvé la bonne... Ou un con qui n'a pas su la garder...

Certains hommes aiment tellement leurs femmes que pour ne pas les user ils se servent de celles des autres.

Mon ex est en couple ? Et alors ? J'ai jamais interdit à qui que ce soit de ramasser mes poubelles !

Ne cherchez pas les filles, quand vous demandez à un homme à quoi il pense et qu'il vous répond « rien », il est sincère dans 97 % des cas.

Les ex qui te disent « si t'as besoin de moi je serai là ». Et quand on était ensemble, tu étais où ?

Je te souhaite le meilleur.

Enfin, si tu rencontres une pétasse, et que tu chopes la syphilis et que tu en crèves, c'est bien aussi...

Je voulais ouvrir un bar, un qui s'appelle « le point G »... Mais j'ai eu peur qu'aucun homme ne le trouve.

Un salaud de perdu… 10 connards de retrouvés !

– Désolé chérie, tu peux répéter ? Je n'ai pas écouté…

– Oui bien sûr, tu en étais où ?

– Vers novembre 2011.

Comment on appelle un homme beau intelligent et sensible ?

Une rumeur !

Si un mec se souvient de la couleur de tes yeux après ton premier rendez-vous, alors tu peux être sûre que tu as de petits seins.

Tu passes des heures à te maquiller, et ils matent ton cul.

Les réponses des hommes sont rarement compatibles avec les questions des femmes.

AVEC MES COPINES, ON A ENFIN COMPRIS POURQUOI ON ATTIRAIT QUE LES BOULETS…

ON EST JUSTE DES CANONS !

Après notre rupture j'ai cru que je n'allais plus jamais rire de toute ma vie...

Et puis, un jour, j'ai vu ta nouvelle copine...

ÉLUE CONNASSE DE L'ANNÉE

Mesdames, si un homme vous dit qu'il va le réparer, c'est qu'il va le réparer ! Pas la peine de lui rappeler tous les six mois.

Je ne vous dis pas ça pour me vanter, mais moi, les hommes, je les rends dingues !

Le dernier suit une psychothérapie depuis cinq ans...

Personne ne sait écouter une femme aussi bien qu'un homme qui veut la baiser.

Si un homme ouvre la portière de sa voiture à sa femme, c'est que l'une des deux est neuve.

Si ça ressemble à un connard,
si ça marche comme un connard,
si ça parle comme un connard,
c'est qu'il s'agit sans doute d'un connard !

Ils ont tous des flingues tatoués sur le corps et dès qu'une guêpe s'approche un peu de trop près ils s'enfuient en courant !

Ça ne sert à rien d'être fort comme un chêne, si c'est pour être con comme un gland.

Je n'ai pas besoin d'un homme pour résoudre les problèmes.
J'ai besoin d'un homme qui ne sera pas un problème.

Les hommes sont comme les chiottes : occupés ou dégueulasses !

Quand une femme ne te pose plus de question, tu peux commencer à t'en poser.

L'astuce
quand ton
mec ronfle
la nuit, c'est
de le tourner
délicatement
sur le côté,
et de le
faire rouler
jusque chez
sa mère.

J'ai gravé « je vais mieux » avec un tournevis, sur le capot de la voiture de mon ex. Et c'est vrai, depuis ça va vachement mieux !

Arrêter d'essayer de faire grandir vos mecs. Rendez-les à leurs mères !

**Vu le nombre de types
qui crachent par terre,
il semblerait que l'homme
ne sache pas avaler.
Alors ne demandez pas
aux femmes de le faire !**

J'ai un super pouvoir :

Dès que je m'approche d'un gars

Poufffffff

Il se transforme en connard !

Je ne me prends plus
la tête...

Je pense comme un mec !

Dis-lui qu'elle est belle,
pas qu'elle est bonne.
C'est une femme pas une
tarte aux pommes !

Je suis allée voir les publications de mon homme pour voir ce qu'il aimait pour lui faire son cadeau d'anniversaire…

En fait, je crois que je vais lui offrir une autre meuf, ça ira plus vite !

Si votre mec vous traite de conne, traitez-le de célibataire.

Les hommes disent que les femmes devraient naître avec un mode d'emploi...

Pourquoi faire ?

T'as déjà vu un homme lire un mode d'emploi ?

Les maris sont
les meilleures
personnes
pour partager
des secrets.
Ils ne les
diront jamais
à personne
puisqu'ils
n'écoutent
rien !

Le TAF

Tu te prends pour un adulte quand tu prévois d'aller à la salle de sport en sortant du travail.

Et qu'en fait tu finis sur ton canapé avec un verre de vin !

IL FAUT TOUJOURS QUE JE PERDE UN TRUC...

CE MATIN, IMPOSSIBLE DE REMETTRE LA MAIN SUR MON ENVIE D'ALLER AU BOULOT !

Je déteste quand je fais un rêve érotique avec mon collègue et que le lendemain, ce connard fait genre qu'il ne s'est rien passé...

Je crois que je ne vais pas pouvoir aller travailler demain...

Je me suis fracturé la motivation.

Ce matin en mettant mon GPS j'ai crié « Fais chier putain » et il m'a emmené direct au travail !

— Allô ? Oui, c'est moi, je crois que je ne vais pas pouvoir venir travailler aujourd'hui…

— Que t'arrive-t-il ? Tu es souffrante ?

— Je ne suis pas malade mais mon chat s'est posé sur mes genoux et je n'ose pas le réveiller !

— Grâce à mon taf, j'ai encore emballé une meuf hier.

— Tu fais quoi déjà ?

— Je suis médecin légiste.

Le travail d'équipe est essentiel. En cas d'erreur, ça permet d'accuser quelqu'un d'autre...

Mon patron m'a demandé de lui raconter une blague. Je lui ai dit que j'étais trop occupée à travailler...

On a ri, mais on a ri !!!!

— ÇA FAIT 4 JOURS QUE TU ARRIVES EN RETARD AU TRAVAIL, TU EN CONCLUS QUOI ?

— BAH, QU'ON EST JEUDI !

L'Académie française préconise de remplacer « burn-out » par « j'en ai plein le cul de ce boulot à la con et de ce patron de merde ».

Lors d'un entretien d'embauche :

– Je vois sur votre CV que vous avait été sept mois à la poste. Que faisiez-vous exactement ?

– Je venais chercher un colis.

- Chef, j'ai bossé comme une malade ce matin, je suis crevée.

- OK, prouvez-le.

- Regardez mon téléphone, il me reste encore 80 % de batterie.

- OK, chapeau !

J'ai croisé mon patron après déjeuner il m'a souhaité une bonne journée, alors je suis rentrée chez moi.

Il faut que j'arrête de donner des surnoms à mes collègues.

Je ne me souviens plus du nom de Barbie Connasse, faut que je demande à Face de Têtard !

Célib'

Tu peux clairement dire que tu es célibataire quand le seul truc qui touche ton pied dans le lit, c'est ton autre pied.

Tu as eu le coup de foudre, ou il faut que je repasse devant toi ?

Tu te croyais déjà heureuse avec le mauvais, alors imagine combien tu le seras avec le bon.

SI TU NE TROUVES PAS CHAUSSURE À TON PIED, NE TE PRENDS PAS LA TÊTE : « MARCHE PIEDS NUS » !

Je ne comprends pas : les acteurs peuvent jouer un couple pendant six saisons sans tomber amoureux, moi juste je croise un regard et je me fais des films pendant six mois.

Hello Cupidon (espèce de petit con),

Ce serait trop te demander de toucher un mec normal avec autre chose que le QI d'une huître ?

Tu as fait un casting spécial pour moi ?

ÉLUE CONNASSE DE L'ANNÉE

Aujourd'hui j'ai failli me mettre en couple, il manquait juste la deuxième personne, mais moi j'étais là.

Trois rapports par semaine permettent d'allonger la vie de 10 ans.

Je ne suis pas près de devenir éternelle...

Mieux vaut être avec moi que mal accompagné !

Je ne vois que deux solutions pour Cupidon :

— prendre des cours de tir ;

— prendre un rendez-vous chez un ophtalmo.

CÉLIBATAIRE ?

personne assez forte pour vivre et profiter de la vie sans dépendre de qui que ce soit.

*L'amour c'est beau,
avoir le lit entier
pour soi ce n'est pas
mal non plus.*

« Un de perdu 10 de retrouvés. »

Personnellement je n'ai jamais vu 10 gars débarquer en me disant « salut, on est les mecs du dicton ».

Est passée
de
« célibataire »
à
« va crever
toute seule
avec ses chats ».

— Tu veux quoi pour ton anniversaire ?

— Une licorne !

— Non, sérieux tu veux quoi ?

— Bon, un mec alors !

— OK, quelle couleur la licorne ?

Depuis le temps que l'amour me fuit, je crois que je suis en train de me repuceler !

Tout ce que j'aime est :

– Cher

– Illégal

– Ne répond pas à mes messages.

Ça y est j'ai enfin trouvé le bonheur !

Il se trouve à la page 74 du dictionnaire.

Si un jour vous recevez de ma part un message qui vous dit que je vais me marier, surtout ne l'ouvrez pas, c'est un virus !

J'ai toujours sur
moi un taser,
au cas où le coup
de foudre aurait
besoin d'un petit
coup de main.

J'ai peur d'avoir déjà rencontré l'homme de ma vie, mais de lui avoir dit d'aller se faire foutre.

En fait le célibat, c'est bien :

Sauf pour les repas et les nuits et les réveils et les soirées et les câlins. Et… OK, ça va puisque je vous dis que c'est bien le célibat !

Ce week-end-là, j'aimerais me poser tranquille avec mon mec et regarder un film. Quelqu'un aurait un bon mec à me conseiller ?

La prochaine fois que je tombe amoureuse, assommez-moi avec une pelle. Merci d'avance.

Vu le bordel dans ma vie amoureuse, je crois que mon ange gardien et Cupidon boivent.

— T'ES TOUJOURS EN TRAIN DE ME CONTREDIRE, ON DIRAIT MON MEC.

— MAIS TU N'AS PAS DE MEC !

— TU VOIS, TU RECOMMENCES...

— T'as déjà été amoureuse ?

— C'est où Moureuse ?

Je m'ennuyais, voilà comment ça a commencé.
Il m'a ennuyé, voilà comment ça a fini.

Pas de sentiment,
pas d'attachement,
pas de manque,
pas de problèmes !

Tu es seule, tu
t'ennuies, tu veux
briser ta solitude ?
Adopte un con,
tu en trouveras
partout et
en grande quantité.

Quelle conne ! J'ai galéré des années pour trouver l'amour de ma vie alors qu'il me suffisait d'envoyer LOVE au 7 10 10 !

Quand quelqu'un me demande pourquoi je suis toujours célibataire, je lui réponds que je dois être surqualifiée.

Vous ne pouvez pas forcer quelqu'un à vous aimer mais vous pouvez l'enfermer dans la cave jusqu'à ce qu'il développe le syndrome de Stockholm.

— Comment c'est possible qu'une aussi jolie fille que toi soit célibataire ?

— Lâche-moi, connard !

— Ah OK, je comprends mieux…

Quand t'as envie de te mettre en couple, souviens-toi pourquoi tu étais célibataire !

Une pensée à tous ces beaux gosses croisés dans les transports en commun et que l'on ne verra plus jamais, je ne vous oublie pas MES LOULOUS !

PLUS TARD SI JE ME MARIE… ENFIN SI JE TROUVE QUELQU'UN… ENFIN SI QUELQU'UN ME SUPPORTE… ENFIN SI JE NE FINIS PAS SEULE…

JE CROIS QUE JE VAIS M'ARRÊTER LÀ EN FAIT.

– Merci pour la soirée d'hier !

– Mais on n'était pas ensemble...

– Justement...

Situation amoureuse ?
Dors en diagonale dans le lit !

CHIARDS*

*Accord parental
indispensable

Soyez indulgents avec vos enfants, c'est quand même à cause de vous s'ils sont cons.

J'ai acheté un coffre de toit pour ma voiture, c'est magique : on n'entend presque plus les mômes !

Attendre à la sortie d'une maternelle qu'une maman me demande : « Quel est le vôtre ? »

Lui répondre : « Je ne sais pas, je n'ai pas encore choisi. »

RIRE

PRENDRE 5 ANS FERME

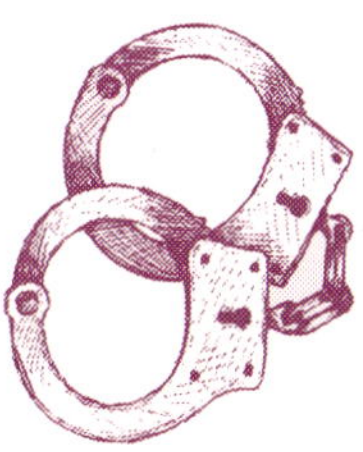

J'ai demandé à changer de place dans l'avion à cause d'un gosse insupportable...

Eh ben, apparemment ce n'est pas possible quand il s'agit du tien !

En France, la moyenne d'enfants par famille est de 1,88, ce qui veut dire qu'un sur deux n'est pas fini.

Je comprends mieux pourquoi il y a tant de cons !

— Maman ?

— Oui.

— C'est vrai que je suis moche ?

— Mais non, Pierre, quelle idée ! Arrête avec ça et retourne vite dans la cave, les invités vont arriver !

Ma fille m'a demandé pourquoi on buvait autant de vin avec son père. Je lui ai répondu qu'elle comprendrait quant à son tour elle aurait des enfants.

Je pense qu'il est temps que
les enfants de moins de 4 ans soient
accompagnés de sous-titres.

– Tu crois que je suis une mauvaise mère, Pierre ?

– Je m'appelle Franck, maman !

— Dis maman, ça fait quoi d'avoir la meilleure fille du monde ?

— Je ne sais pas ma chérie, demande à mamie.

#

J'ai bien réfléchi et je pense que d'avoir des enfants dans ce monde de fous est cruel.

C'est décidé, je n'en veux pas, mais je ne sais pas comment leur dire.

Mon mari me reproche de favoriser un de nos enfants. Mais je ne sais pas s'il parle de Pierre ou du roux.

— Madame, je suis le directeur de l'école de votre fils. Nous avons un gros problème, il n'arrête pas de mentir.

— Ah oui ? Eh bien il est vraiment très fort car je n'ai pas de fils.

Si on met nos enfants en fond d'écran de nos portables, c'est simplement pour les reconnaître à la sortie de l'école !

Je n'ai jamais compris les enfants qui redoublent la maternelle. Ils font la sieste à l'envers, c'est ça ?

RAPPEL

Une tenue correcte est exigée à l'école pour les enfants, mais aussi pour les parents.

MERCI D'ÉVITER LE PYJAMA.

La Directrice

Ranger sa maison quand on a des enfants équivaut à se brosser les dents avec du Nutella.

Mon fils a trouvé des photos de lui habillé en fille. Pour ne pas le traumatiser j'ai préféré lui dire que c'était sa sœur jumelle décédée.

— Allez debout !

— Non, je suis malade je ne peux pas y aller.

— Mais tu n'as rien, DEBOUUUUUT !

— Si, j'ai mal au ventre et je crois que j'ai de la fièvre.

— Bon, allez maman, ça suffit, je vais être en retard à l'école !

– Maman, ça sert à quoi les préservatifs ?

– Normalement, à éviter ce genre de question !

Ma fille a perdu
sa première dent,
ça lui apprendra
à être insolente !

Petit rappel concernant l'usage des préservatifs, il vous protège également des vergetures, des kermesses et de l'achat d'un monospace horrible.

— Pour qu'un enfant soit sage, donne-lui un ballon.

— Et si ça ne suffit pas ?

— Tu le crèves !

— Le ballon ?

— Oui, tu peux aussi…

– Chéri, je suis enceinte !!!!!! Tu aimerais que ce soit quoi ?

– Une blague !

En fait, le plus dur dans l'éducation des enfants, c'est de ne pas rire quand ils font une connerie.

Mes parents m'ont
accusé d'être une
menteuse.

Je les ai regardés dans
les yeux et j'ai dit :

— la petite souris ;

— le père Noël ;

— le lapin de Pâques ;

et j'ai quitté la pièce.

Quand je regarde mes enfants, je me demande ce que je ferais sans eux.

Et puis je me mets à pleurer car je ferais tellement de choses !

Les gens moches font des enfants juste pour prouver qu'ils ont des relations sexuelles.

Tu ne sais jamais combien de personnes tu détestes jusqu'à ce que tu aies à choisir le prénom de ton enfant.

LA BOUFFE

J'ai essayé toutes sortes de régimes… Il n'y a rien à faire, ça se finit toujours par un bide !

ATTENTION :
une femme ne rate jamais un plat, c'est la recette qui est mal expliquée.

CONTRADICTION :

J'ai 2 passions

Manger

Me plaindre de grossir

Lorsque je me regarde dans un miroir et que je m'adresse à mon gras, je lui laisse deux choix :

Soit il se dirige gentiment vers mes seins...

Soit il dégage !

Certains jours, je mange une salade et je fais une série d'abdos/fessiers et les autres jours je me goinfre de hot dogs et de mojitos.

VOILA, J'AI TROUVÉ MON ÉQUILIBRE ALIMENTAIRE !

— Il est vraiment top ton Gloss, C'est quelle marque ?

— Gras de beignet.

EXISTE-T-IL UN RÉGIME QUI FASSE PERDRE 10 ANS ?

Le meilleur
moyen pour
ne plus
entendre une
conversation
qui vous
ennuie :

MANGER UNE
BISCOTTE,
c'est radical,
on n'entend
plus rien !

Recette du pain perdu :

Retrouver le pain.

Mange ce que tu veux, quand tu veux, tant que tu veux et si une personne te critique sur ton poids, mange-la aussi.

C'est décidé

j'évite tout ce qui fait grossir :

— balance ;

— miroir ;

— photos.

Je ne comprends pas pourquoi dans les boulangeries ils donnent des noms aux gâteaux, on finit toujours par dire « celui-là ».

J'ai mis la balance au placard, elle n'en sortira que lorsqu'elle se sera excusée ! Pas avant !

Plus tu es lourde
plus tu es difficile
à kidnapper.

Protège-toi, mange
du gâteau !

Mon cul dit SPORT !
Mon cœur dit KINDER !

Quelle cruauté de tuer une plante pour être vegan...

Ayez un cœur, mangez des cailloux !

Il ne me reste qu'un sac de pommes de terre à la maison :

— Certains y verront une pauvre (les pessimistes).

— D'autres y verront la moitié d'une tartiflette (les optimistes).

Les jolies filles ne mangent jamais rien…
Je vous laisse,
je passe à table !

Ceux qui mangent sans grossir méritent de baiser sans jouir !

Je fais genre tout va bien, mais en fait il n'y a plus de chocolat.

LE SPORT

LE QUOI ?

Il paraît qu'en faisant environ une heure de sport, on peut perdre jusqu'à 60 minutes de notre temps.

J'ai arrêté de faire du sport il y a plus de 20 ans sans acupuncture, sans patch, sans aide, juste la volonté.

Que c'est agréable d'aller courir ! L'air frais, la sueur sur la peau, les jambes lourdes, le masque à oxygène, le SAMU...

— Je peux te demander un service ?

— Est-ce qu'il faut que je me lève ?

— Oui.

— Alors, c'est non !

J'ai essayé de faire du sport. Je crois que je suis allergique, parce que, à chaque fois, j'ai le visage tout rouge, je suis en sueur et mon cœur bat très vite. J'arrête, c'est trop dangereux.

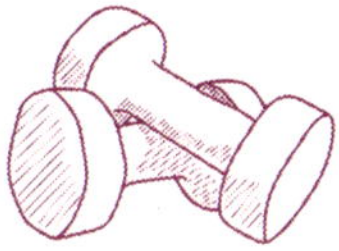

— Bonjour, un abonnement annuel, s'il vous plaît.

— La salle de sport est au premier étage. Là vous êtes dans une boulangerie.

— Oui, je sais !

Le médecin : Pratiquez-vous un sport extrême ?

Le patient : Oui, il m'arrive de contredire ma femme.

À l'arrivée
des beaux
jours tout le
monde va
s'inscrire
dans une
salle de sport.
Moi, je vais
rester fidèle
à ma salle
à manger.

Je n'ai jamais aimé courir. Donc si un jour tu me vois courir, Un conseil : COURS AUSSI !

Si un jour vous retrouvez mon corps sur un parcours de jogging,

Sachez que mon corps a été transporté et que j'ai été assassinée ailleurs.

— Vous faites quoi dans la vie ?

— Je fais bouger les vaches.

— Ah, vous êtes éleveur !

— Non, je suis prof de zumba.

Je ne comprends pas les gens qui sont fatigués après une heure de jogging, moi j'en porte un depuis trois heures et je suis en pleine forme.

— Tu viens à la salle de gym ?

— Non, je ne peux pas ma licorne est malade.

— Tu plaisantes là ?

— Oui, mais c'est toi qui as commencé !

Il semblerait que deux minutes de rire soit aussi bon pour la santé que trente minutes de jogging. Donc tous les soirs je vais au parc pour me foutre de la gueule des joggers pendant deux minutes.

Je viens de terminer une série de 200 abdos que j'ai commencée en 2005, je suis crevée.

JE VIENS DE COURIR 3 KILOMÈTRES !

(J'AI BIEN CRU QUE LE CAMION DE GLACES NE S'ARRÊTERAIT JAMAIS.)

Je viens de passer une heure sur mon vélo d'appartement et je ne suis même pas essoufflé ! Demain deuxième étape : j'utilise les pédales.

Le jogging a été inventé pour faire de l'exercice... finalement on s'en sert pour ne rien foutre.

Ne jamais jouer à saute-mouton avec une licorne JAMAIS !!!

Il y a des moments, il faut être courageux !

Passé de son lit au canapé
le dimanche matin, par exemple.

J'ai la floume, c'est comme la flemme mais je m'en fous.

HIC !*

* traduction
la plus fidèle :
l'alcool, la bibine,
la boutanche,
le carburant…

Si je ne buvais pas, comment mes amis sauraient que je les aime à 2 heures du mat ?

Parfois j'aime surprendre mon foie : je bois un verre d'eau.

— POURQUOI TU BOIS AUTANT ?

— POUR OUBLIER.

— OUBLIER QUOI ?

— JE NE SAIS PLUS.

— AH OUAIS, ÇA A L'AIR EFFICACE TON TRUC !

— Tu viens au sport ce soir ?

— Tu as mal orthographié « bar ».

Il serait bien qu'un jour la gueule de bois soit reconnue comme arrêt maladie.

Noyer son chagrin dans l'alcool, c'est bien.

Noyer son ex dans l'alcool, c'est mieux.

– Bonjour, une baguette.

– Pas trop cuite ?

– Ah si, je suis déchirée.

– Euh non… je parlais de la cuisson.

– Ah pardon, saignante, s'il vous plaît.

— TOC TOC TOC

— Qui est là ?

— L'amour de ta vie.

— Ça m'étonnerait, une bouteille de vin ça ne parle pas !

J'adore l'eau ! (Enfin si elle est gazeuse, avec de la menthe, du citron vert et du rhum !)

Bien sûr que la taille compte !

Personne ne voudrait d'un petit verre de vin !

Je ne bois pas,

Je désinfecte des blessures internes.

En hiver, il faut faire gaffe avec la nuit qui tombe de plus en plus tôt, on a vite fait de se retrouver à l'apéro à 17 heures.

Mon groupe sanguin est A péritif.

Mon médecin m'a conseillé de surveiller ma consommation d'alcool.

Depuis je ne quitte plus ma bière des yeux.

Je suis fière de vous annoncer qu'aujourd'hui je fête mon 445e jour sans alcool !

Bon, pas d'affilée...

Un jour sans vin, c'est comme...

Non je déconne, je n'en ai aucune idée !

ALCOOL = DANSE

DANSE = SPORT

Donc

ALCOOL = SPORT

=

- J'arrête l'alcool, c'est mauvais pour mes jambes.
- Pourquoi, ça te les engourdit ?
- Non, ça les écarte !

De chez moi au bar,
il y a cinq minutes.

Mais du bar à chez moi,
il y a une 1 h 20.

Mes potes sont alcooliques.

Moi, je suis simplement
solidaire.

IL EST ~~L'HEURE~~

la ferme !

zzzzzz

zzzzz

Soit je me lève tôt, soit je me lève sympa et aimable, à vous de voir !

Mieux vaut arriver en retard… Que moche !!!

Ça va être le matin tous les jours !?

#

Si vous avez
la même tête que
sur votre permis
retournez vous
coucher.

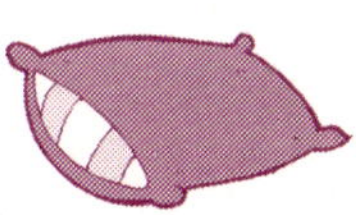

Même moi
je ne me crois
pas quand
je dis :
« Je suis prête
dans cinq
minutes ! »

Avez-vous remarqué comme les gens qui arrivent en retard sont souvent de bien meilleure humeur que ceux qui les attendent ?

Dormir, c'est pour les amateurs, moi je tombe dans le coma.

**Ce matin je me suis dit :
« Allez Catherine, courage,
tu es la meilleure. »
Ça n'a eu aucun effet.
Faut dire aussi que je ne
m'appelle pas Catherine !**

Ce matin, j'ai plus
de cernes que de seins.
Fait chier !

Miroir, mon beau
miroir, dis-moi
si ce matin
tu te fous
de ma gueule ?

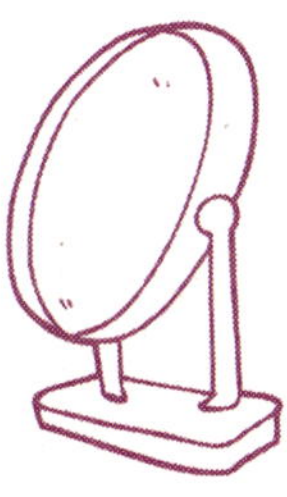

– Ce soir je me couche tôt, hier je me suis endormi à une heure pas possible.

– C'est-à-dire ?

– 27 heures 98.

J'ai tellement bu de café ce matin que le moustique qui m'a piqué est en train de faire une crise de tachycardie et parle colombien !

Je passe ma vie entre essayer de dormir et essayer de me réveiller.

Tu sais que tu es
vraiment fatiguée
quand tu tombes
et que tu décides
de rester par terre
pour dormir
un peu.

MON LIT M'OFFRE UNE NOUVELLE COIFFURE CHAQUE MATIN !

Au lit, je suis incroyable !

Je peux dormir pendant des heures...

Il y a donc
trois choses
à abolir :
— les gens
qui parlent
le matin,
— le matin,
— les gens.

Il y a des matins où sortir du lit mériterait les applaudissements du public.

J'ai fouillé partout.
Au fond du lit, dans
le placard, dans le
frigo, dans la douche
et même dans mon
téléphone, impossible
de retrouver
ma motivation.

Je suis le genre de personne qui se réveille le matin avec l'envie de faire une sieste.

Si tu me réveilles pour autre chose que du sexe ou un café... Va chier !!!

On m'a invité au resto et on m'a demandé de mettre mes habits du dimanche. L'idée est sympa mais je me demande combien on sera en pyjama.

J'ai du mal à faire confiance aux gens qui se lèvent tôt, s'ils sont capables de faire ça, à mon avis, ils sont capables de bien pire.

Tous les matins je me réveille deux heures avant mon visage !

Je suis une personne très souple, tous les matins je me réveille avec la tête dans le cul.

— Bonjour chéri, tu sens cette bonne odeur de café ?

— Non, pas du tout.

— Alors bouge ton cul, il va pas se faire tout seul !

Avant le café :
Ta gueule !
Pendant
le café :
Tais-toi !
Après le café,
ça dépend qui
tu es...

Certains se lèvent
le matin avec l'envie
de changer le monde.

Moi, juste avec l'envie
de faire pipi.

Ce n'est pas des cernes !

C'est mon petit côté panda.

Je me suis réveillée ce matin, j'ai levé le bras et crac !

J'ai plié les genoux, et crac !

J'ai tourné le cou, et crac !

Alors j'en suis venue à la conclusion suivante : plus on est vieilles plus on est craquantes.

Le sexe surprise est la meilleure façon de se faire réveiller le matin

(sauf si on est en prison).

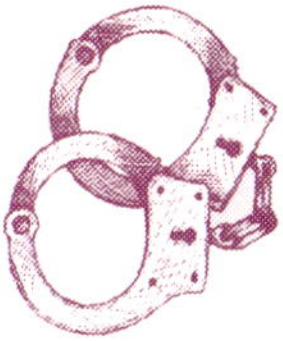

Parfois en pleine nuit je secoue brusquement mon radio-réveil quand il dort et je lui dis : « Alors ça fait quoi, hein ? »

Je crois que mes cheveux ont fait la fête sans moi cette nuit...

— Le matin, vous préférez le thé ou le café ?

— Le matin ? Moi je préfère qu'on ne pose pas de question.

— C'est inquiétant que le matin je parle plus à mon chat qu'à mon mec ?

— Tu n'as pas de mec, donc oui…

— C'est bon, ferme-la et finis tes croquettes.

Désolée pour
le retard, ma couette
a encore essayé de me
séquestrer.

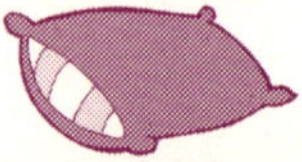

Boire du déca au réveil
équivaut à partir au boulot
en vélo d'appartement...

Aujourd'hui je me suis levée avec l'envie de tout changer !

J'ai commencé par changer d'avis et je me suis rendormie.

Déni, colère, marchandage, dépression, acceptation... Voici les cinq étapes du réveil.

Il y a des chances que je me lève tôt ce matin et que j'aille courir un peu. Mais en même temps les chances pour que je gagne au loto sont quasiment les mêmes.

Je déteste que l'on me dise le matin :

« Réveille-toi, le soleil est déjà levé… »

Je suis censée faire quoi ? La photosynthèse ?

P'TITES BÊTES

Rien à foutre que les gens m'apprécient, par contre quand un animal m'ignore ça me brise le cœur.

— Il t'aime ?

— Oui.

— Il te respecte ?

— Oui.

— Il te fait des câlins ?

— Oui.

— Mais c'est qui ???

— Bah, mon chat.

Attention !
Si votre
canapé
aboie c'est
que vous
êtes assise
sur votre
chihuahua !

Vous vous demandez si votre chat est la réincarnation d'un homme ?

— A-t-il peur du bruit des casseroles ?

— Fuit-il devant un aspirateur ou une éponge ?

— Se cache-t-il quand la machine à laver passe en mode essorage ?

— Est-ce qu'il passe sa journée à dormir et à manger ?

Alors, oui ! Ne vous posez plus la question !

Je crois que je vais arrêter d'acheter des poissons rouges.

Ils meurent tous, c'est affreux.

(Je ne dois pas mettre assez de foin dans la cage...)

Pratique les montres étanches à 100 mètres, des fois qu'une sardine te demande l'heure.

Le problème ce n'est pas d'avoir une araignée dans sa chambre, le problème c'est de la perdre de vue.

Au coucher la connasse dit :

À son mec : « Bonne nuit Christian »

À son chat :
« Bonnnnnnne
nuuuuuiiiiit mon chaton
d'amouuuuuuuuuur
que j'aime à la foliiiiie
SMACK SMAACKKKKK
SMAAAAAAAAAACK
SMACCCCCCCCK
MOUUUUUAAAAH »

Je me demande quel nom m'a donné mon chat.

Un husky c'est un chien de traîneau.

Un chihuahua c'est un chien de traînée.

DEPUIS QUE MES ENFANTS MANGENT TOUT SEULS,

LE CHIEN A PRIS 5 KILOS.

Les gens qui haïssent les chats... seront réincarnés en souris !

SEX

On boit ou
on baise ?
Personnellement,
je n'ai pas très
soif.

Si vous ne baisez pas pour vous, faites-le pour les autres.

#NiquerRendAimable

LE SECRET POUR FAIRE DURER UN COUPLE :

FAIRE CRIER SA FEMME AU LIT PLUS SOUVENT QU'EN DEHORS.

Si vous pensez au sexe trois fois par jour, vous êtes une coquine.

Si vous pensez au sexe toutes les cinq minutes, vous êtes une nymphomane.

Si vous pensez au sexe tout le temps, alors vous êtes un homme !

Homme : J'ai surnommé mon sexe « la vie » car la vie est bien dure.

Femme : … Dommage qu'elle soit si courte !

Les mauvaises langues parlent, les bonnes donnent des orgasmes.

— Chéri, je me suis épilée !
— Cool, on va pouvoir enfin faire des trucs !
— À quoi tu penses petit coquin ?
— Je ne sais pas à un paillasson par exemple...

— T'es magnifique et très gentille !

— Ta gueule, tu veux juste me baiser.

— Et tu es intelligente en plus !

À quoi bon savoir qui porte la culotte dans un couple.

Un couple fonctionne mieux quand personne n'en porte.

Au deuxième rencard, tu t'attends au moins à te faire plaquer sauvagement contre le mur et, non, on t'offre des fleurs... On va de déception en déception.

Si ton mec se vante d'en avoir une grosse, méfie-toi qu'il ne parle pas de toi !

Une femme entre dans un sex-shop et mate les godes :

– Bon, je vais prendre le bleu... le jaune... Et ajoutez le rouge !

Le vendeur :

– Pour le bleu et le jaune, pas de problème. Pour l'extincteur, il faut que je voie avec le directeur.

J'ai arrêté le sexe et l'alcool.

Ça a été les dix minutes les plus dures de ma vie !

On ne s'est pas vu depuis belle levrette !

- Je veux
faire l'amour
seulement après
le mariage.
- OK, tu me
téléphoneras
lorsque tu seras
mariée...

Hier soir, j'ai couché avec un mec que j'ai rencontré sur Tinder. Son pseudo était Matt 82. Et ce matin, c'était devenu… Matt 83.

Un plan cul, c'est comme des chaussons, on est bien dedans mais on ne sort pas avec !

Le sexe, c'est comme la neige...

Tu ne sais jamais sur combien de centimètres tu vas tomber ni combien de temps ça va durer.

— Les coups d'un soir ne m'intéressent pas !

— Moi non plus ! Plusieurs coups plusieurs soirs, c'est beaucoup mieux...

APRÈS AVOIR FAIT L'AMOUR, J'AIME BIEN CHUCHOTER DES MOTS DOUX COMME : « TU PEUX RENTRER CHEZ TOI MAINTENANT. »

Elle a connu
plus de doigts
qu'un Digicode !

Faire l'amour, c'est bien !

Avec moi, c'est mieux...

Je voudrais
bien donner
mon corps
à la science,
mais j'ai
peur de trop
les exciter.

— Chéri, j'ai envie de toi !

— T'as envie de sentir le corps d'un mâle beau et musclé contre le tien ?

— Non, j'ai envie de toi pas d'un autre...

Socialement inapte
Sexuellement addict
(Mais je me soigne)

Moins de stress.
Plus de sexe.

– On voit ta culotte,
c’est vulgaire.

– Tu as raison, je
vais l’enlever !

Les mecs sur Tinder qui veulent « de l'amitié, pas de plan cul »...

Bien sûr, moi je vais sur YouPorn pour voir si le plombier répare vraiment la machine à laver !

#

Mieux vaut un petit canard dans sa baignoire, qu'un gros connard dans son plumard.

Le froid, c'est trop contradictoire :

– Ça fait durcir les tétons.

– Et ça fait rétrécir la bite.

DORMIR EN CUILLÈRE

Pour une femme : un sentiment de sécurité, du réconfort et de la chaleur.

Pour un homme : des cheveux dans le visage, un bras engourdi et une érection inutile.

— Si c'était la fin du monde, tu ferais quoi ?

— Moi, je baiserais tout ce qui bouge.

— Et toi ?

— Moi ?... Je ne bougerai pas.

Je ne dis pas
que tu es coincée
du cul.

Je dis juste
que tu es plus
compliquée
à enfiler qu'une
housse de couette.

Tu es aussi utile qu'un slip dans un film porno.

Une tablette de chocolat procure 19 cm de plaisir...

À chaque fois !

La
différence
entre ha et
hoooooooo
est
d'environ
10 cm.

On s'en fout pas mal des princes charmants, nous, la nuit, ce qu'on attend, c'est le loup.

— On aurait dû filmer notre nuit d'amour !

— Ohh… Mais tu sais moi les courts-métrages…

Hier soir mon ex m'a demandé ce que j'aimerais faire le plus avec son corps...

Apparemment l'identifier à la morgue n'était pas la bonne réponse...

L'avantage d'emmener ta nana voir *50 nuances de Grey* c'est qu'elle aura super envie de baiser après.

L'inconvénient : pas avec toi...

Une salope, c'est comme la première tranche de pain de mie dans un sachet, tout le monde la touche mais personne n'en veut !

— Il paraît que le manque de sexe rend irritable ?

— Ta gueule, connard !

« Déjà » : le mot le plus employé par les femmes après l'amour.

52 % des femmes simulent l'orgasme...

85 % des hommes s'en foutent.

POURQUOI VIVRE D'AMOUR ET D'EAU FRAÎCHE QUAND ON PEUT VIVRE DE SEXE ET D'ALCOOL ?

Quand je me mets à genoux, ce n'est généralement pas pour prier.

Baise-moi
mal une fois,
honte à toi.
Baise-moi
mal deux fois,
honte à moi.

BONUS

Le pêle-mêle

Rien que pour
les super connasses

- Tu crois que la vie est plus belle après la mort ?

- Ça dépend, après la mort de qui ?

Le ridicule ne tue pas…

Mais toi, il t'a bien amochée quand même !

Plus le temps passe, plus mon plan de carrière implique de gagner à l'euro million.

Les gens qui disent « Merki » ça me donne envie de les « défonker ».

Je déteste les gens qui appellent en numéro masqué...

Perso, je ne vais pas sonner chez les gens la tête cagoulée !

Une vieille dame m'a demandé le chemin le plus court pour trouver l'hôpital, je l'ai poussée sous le bus... Même pas un merci.

J'ai besoin de vacances, quelqu'un pourrait me kidnapper ?

J'ai passé un test de QI

Je suis rassurée, il est négatif !

La vie, c'est comme les coiffeuses, toi, tu dis ce que tu aimerais et elles, elles font ce qu'elles veulent.

**Le pas le
plus difficile
à faire dans
un couple
ce n'est pas
le premier
baiser...
C'est
le premier
pet !**

Il y a beaucoup trop de blabla lié au divorce : concessions, argumentations, tentatives de conciliation...

Là où une batte de baseball et un alibi crédible auraient été amplement suffisants.

Le but du sms, c'est de recevoir une réponse dans les minutes qui suivent, sinon j'aurais envoyé une lettre, connard !

Il y a une grande différence entre un homme et une femme quand ils disent : j'ai utilisé un paquet entier de mouchoirs en regardant ce film.

Je viens de me tromper volontairement de route 4 fois pour faire comprendre à mon GPS qui commande.

Achevé d'imprimer en avril 2017
sur les presses de Normandie Roto Impression s.a.s.
61250 Lonrai
N° d'imprimeur : 1701655
ISBN : 978 2 36075 483 0
Dépôt légal : mai 2017

Imprimé en France